LETTRE

DE

M. MADIER DE MONTJAU,

A M. LE COMTE PORTALIS.

AVIS.

Monsieur Madier de Montjau, m'ayant autorisé à publier ses deux lettres et sa deuxième pétition, je déclare que je poursuivrai devant les tribunaux les fabricateurs et les distributeurs de toute contre-façon.

CORRÉARD.

On trouve chez le même libraire.

Première pétition de M. Madier de Montjau, suivie des considérations de M. Jay, prix 1 fr.

Adresse au gouvernement et au peuple français, par M. Rienzé. Prix, 1 f. 50 c.

Mémoire du parlement de Paris, touchant l'origine des ducs et pairs, etc. Prix, 2 f.

Constitution politique de l'Espagne ; traduite par Aimé Duvergier, et revue par quelques membres des Cortès. Prix, 1 f. 25. c.

Relation de l'expédition de Riego ; par son chef d'état major ; orné des portraits de Quiroga, Riégo, Lopez Bannos, y Arco Aguero. Prix, 1 f. 25.

Législation constitutionnelle ou recueil de toutes les constitutions françaises, et toutes les déclarations des droits de l'homme. in-8° , en petit romain. Prix, 6 f.

Session de 1819 ou recueil de tous les discours prononcés aux deux chambres ; orné des deux plans de M. Collin. Deux volumes in-8° de 540 pages chaque. Prix, 14 f.

Suisses (les), appréciés par l'histoire, ou quelques-unes de leurs perfidies, révoltes, et refus de combattre ; par Rivière de Grenoble. Deuxième édition. Prix, 2 f.

LETTRE

DE

M. MADIER DE MONTJAU,

Conseiller à la Cour royale de Nimes, Chevalier de la Légion d'honneur,

A M. LE COMTE PORTALIS,

Pair de France, sous-secrétaire d'état, chargé du portefeuille du département de la justice;

SUIVIE

DE SA DEUXIÈME PÉTITION A LA CHAMBRE DES DÉPUTÉS, ET DE SA LETTRE A M. BOURDEAU, DÉPUTÉ.

PARIS,

CHEZ CORRÉARD, PALAIS ROYAL, GALERIE DE BOIS N° 258.

1820.

IMPRIMERIE DE Mme JEUNEHOMME-CRÉMIÈRE,
RUE HAUTEFEUILLE, n° 20.

MADIER DE MONTJAU, CONSEILLER A LA COUR DE NISMES, CHEVALIER DE LA LÉGION D'HONNEUR,

A M. LE COMTE PORTALIS, PAIR DE FRANCE, SOUS-SECRÉTAIRE D'ÉTAT, CHARGÉ DU PORTEFEUILLE AU DÉPARTEMENT DE LA JUSTICE.

> Pourquoi faut-il, monseigneur, que j'aie quelque chose à vous dire? Comment pouvons-nous nous entendre, et qu'y a-t-il entre vous et moi? Cependant il faut vous répondre, c'est vous même qui m'y forcez.
>
> *J.-J. Rousseau à Cristophe de Beaumont.*

MONSIEUR LE COMTE,

JE vous écris au milieu des souffrances d'une violente maladie qui, depuis plus d'un mois, m'ôte la force d'écrire et de penser. Je suis menacé par les médecins d'un paroxysme beaucoup plus terrible, si je ne fuis toute contention et toute agitation d'esprit; mais les circonstances sont trop graves pour que je songe à ma santé.

1

A la lettre que vous m'avez fait l'honneur de m'adresser sous la date du 19 avril, reçue le 29 par l'intermédiaire de M. le procureur général de Nîmes, il faut une prompte réponse, sous peine de voir mes ennemis et mes calomniateurs triompher de mon silence. Voici cette réponse, elle est franche, elle est sans arrière-pensée ; le ministère y trouvera tout mon caractère et toutes mes intentions.

J'ai relu plus d'une fois, monsieur le comte, votre lettre du 19, avant d'être bien convaincu que c'était en effet pour moi qu'elle avait été écrite, et que le conseil des ministres, dans sa haute sagesse, avait adopté un parti qui peut faire soupçonner que sa position est environnée d'inextricables embarras, et que je suis par lui abandonné sans défense à la furie de mes ennemis qu'il devrait, dans cette grande circonstance, considérer comme les siens.

Permettez-moi de remettre littéralement sous vos yeux votre lettre.

Paris, le 19 avril 1820.

« Monsieur, une pétition présentée en
« votre nom à la chambre des députés, attire
« en ce moment l'attention publique. La pu-
« blicité qu'elle a reçue par la voie de l'im-
« pression, m'impose le devoir de vous de-
« mander des explications sur une démarche
« qui a un plus haut degré d'importance de
« la part d'un magistrat que de celle de tout
« autre citoyen. Je vous prie de me faire con-
« naître par quels motifs, ayant en votre
« possession des pièces dont l'existence attes-
« terait des faits graves propres à troubler
« l'ordre public, et lorsque vous assurez être
« instruit de machinations tendantes à divi-
« ser les citoyens, et peut-être à les armer
« les uns contre les autres, vous n'avez pas
« jugé à propos, tout en donnant cours à
« votre pétition, de dénoncer ces faits soit
« au ministère public, soit au ministère de
« la justice. C'était sans doute la voie la plus
« naturelle, la plus courte et la plus efficace ;
« *c'était celle qu'indiquait l'intérêt public* et
« que semblaient vous prescrire vos devoirs.
« *Je dois présumer* que vous en avez été dé-

« tourné par quelques causes graves et dignes
« de l'attention du gouvernement ; vous
« voudrez bien me les faire connaître. Je
« vous invite en même temps à déposer, aus-
« sitôt *ma lettre reçue*, entre les mains de
« M. le procureur général, les preuves, ou
« commencemens de preuves, que vous de-
« vez avoir de l'existence des machinations
« que vous signalez, de l'impunité accordée
« aux crimes qui, SELON VOUS, n'ont pas été
« poursuivis, et SUR-TOUT les circulaires
« numéros 34 et 35, dont certainement vous
« n'auriez pas parlé avec tant d'assurance si
« vous n'en étiez dépositaire. Vous voudrez
« bien y joindre toutes les déclarations que
« vous jugerez utiles au bien du service du
« roi et aux intérêts de la justice. Les ordres
« sont donnés pour qu'une information
« exacte et sévère mette enfin le gouverne-
« ment du roi à portée de connaître la vé-
« rité, et les tribunaux de punir les perturba-
« teurs de l'ordre public.

« Recevez, monsieur, l'assurance de ma
« considération distingué, le pair de France,
« sous-secrétaire d'état au département de la
« justice, chargé du portefeuille,

Signé COMTE PORTALIS.

Ainsi, monsieur le comte, ma pétition ne vous a pas même fait soupçonner pourquoi, dans l'intérêt bien entendu de la justice et du gouvernement, je me suis écarté de ces voies ordinaires, suffisantes alors seulement que l'action de la justice et du gouvernement n'est suspendue ou entravée, ni par les secousses d'une révolution, ni par les manœuvres des factieux ; ainsi, monsieur le comte, vous ne formez encore que de faibles présomptions sur cette *cause grave* qui m'a forcé de dénoncer les faits que j'ai découverts, à la nation et à la chambre, en même temps qu'au ministère. Ici, je l'avoue, monsieur le comte, mon embarras est extrême ; j'entreprends, sans l'espérer, de donner à ma pensée une précision que je m'é-tais flatté d'avoir atteint dans ma pétition. Je vais employer, pour me faire entendre, d'autres expressions, et entrer dans de nou-veaux détails ; heureux si je surmonte l'u-nique mais grave difficulté de la tâche que vous m'imposez, et si je parviens à ne pas manquer de clarté sans manquer d'égard pour la susceptibilité ministérielle.

J'ai exprimé des sentimens sincères, lorsque dans ma pétition j'ai manifesté un tendre res-pect pour le noble talent et le noble caractère de M. de Serres. J'exprimais un senti-ment non moins sincère quand je manifestais pour M. Siméon un attachement qui me fut inspiré pour lui, dès ma jeunesse, par mon père, son compagnon d'infortune.

J'aurais dû ajouter aussi que j'avais avec toute la France une haute idée de l'élévation du caractère de M. de Richelieu ; mais j'en avais dit assez pour prouver que je ne regar-dais point comme une illusion toute espé-rance qui se rattacherait au ministère ac-tuel.

La justice impartiale, l'hommage que je rendais aux ministres ne m'aveuglaient point sur leurs fautes, et cette pensée se reproduit vingt fois dans ma pétition. Je dis, en parlant des ministres : « *Leurs noms sont encore leur unique titre à un respect que les bons citoyens sont impatiens d'accorder à leurs actes.* » Si je rappelle le beau discours prononcé par M. de Serres le 23 mars 1819, immédiatement j'ajoute : « *Hélas ! qui nous eût dit, lorsque ces criminels furent glacés d'effroi par ce dis-cours plein de franchise et d'énergie, qu'un an après, à pareil jour, ces criminels seraient, non-seulement impunis, mais menaçans ??* » Ailleurs, je dis : « *Quel ministre se croirait aujourd'hui assez puissant pour ordonner la poursuite des hommes qui ont* SUICIDÉ *le maréchal Brune???* »

Tous ces passages et tant d'autres, remplis de faits, ne vous ont pas laissé entrevoir la *cause grave* qui m'a déterminé à chercher, dans l'intérêt véritable du ministère, l'indispensable appui de l'opinion publique ; je vais tâcher, monsieur le comte, de vous faire comprendre comment j'ai été amené à cette malheureuse idée de croire que si le ministère n'avait pas encore perdu toute bonne intention, il avait du moins entièrement perdu son indépendance.

Quand j'ai vu des ministres connus par une longue réputation d'habileté, de vertu et même de courage, accuser en masse les citoyens les plus généreux du royaume d'être complices d'un exécrable attentat, et dans le même temps garder le silence sur une accusation de complicité du même crime, intentée sous leurs yeux contre un de leurs anciens collègues ;

Quand j'ai vu ces ministres demander une loi sur la liberté individuelle, plus effrayante qu'aucune de celles qu'enfanta le délire révolutionnaire, et dans l'impuissance d'offrir un exposé de la situation générale du royaume qui pût motiver la demande d'un pouvoir si exorbitant, venir rapporter, comme ayant complété leur conviction et triomphé de tous leurs scrupules, des propos recueillis dans quelques tavernes par les plus obscurs agens de la police, et les discours d'un mendiant en démence ;

Quand j'ai vu ces ministres demander simultanément que la France fût privée de la liberté individuelle et de la liberté de la presse ; compter pour rien les protestations éloquentes des mêmes députés dont les suffrages faisaient naguère la véritable force et la considération du gouvernement ; affecter de rester indifférens au malheur d'avoir perdu l'appui des Kératry, des Cassaignolles, des Camille Jordan, des Royer-Collard, des Courvoisier et de tant d'autres si glorieusement connus par un attachement sincère à la dynastie de nos rois, par leurs talens et par la modération de leur caractère ;

Quand j'ai vu les ministres affecter aussi de croire que ces anciens défenseurs du ministère étaient avantageusement remplacés par les nouveaux auxiliaires, auxquels ils fai-

saient voter silencieusement les lois d'exception ;

Je me suis dit : Il est impossible que le ministère ne soit pas dominé par une puissance
supérieure à la sienne ; convaincu que cette
puissance est devenue insurmontable, le ministère croit que la résistance serait à la fois
superflue et dangereuse pour le repos public ;
il regarde les lois qu'il propose comme une
transition indispensable pour éviter une com-
motion, et préparer doucement la France à
se soumettre sans déchiremens au régime de
la grande propriété.

Quand j'ai vu que l'éloquente requête de
madame la maréchale Brune, appuyée par le
corps des maréchaux de France, appuyée
par les vœux de la France et de l'Europe in-
dignées, n'avait encore amené qu'une procé-
dure stérile, et que *les honnêtes gens* qui ont
suicidé cet infortuné maréchal, montraient
plus d'audace que jamais ;

Enfin, quand j'ai vu que toutes les cours
souveraines avaient cessé de regarder *comme
un devoir* de défendre les libertés gallicanes,
et de faire exécuter cent arrêts de bannisse-
ment contre cet Ordre régicide qui nous en-
vahit de toutes parts, et qu'en même temps

, plusieurs de ces cours regardaient *comme un droit* de tout ébranler par des remontrances aussi insolites que violentes, sans qu'aucun avis du gouvernement vînt les rappeler à leurs véritables attributions;

Je me suis écrié dans ma douleur : Ah! la main de fer du gouvernement occulte est encore là.

Voilà, monsieur le comte, quelques unes des raisons qui m'ont autorisé à penser que je ne devais pas ma confiance entière aux ministres, quoique je doive mon estime à leurs qualités privées.

Voilà ce qui m'a fait penser que de tous les ministères qui ont gouverné la France depuis quelques années, le ministère actuel est celui qui s'est laissé le plus aveuglément et le plus rapidement entraîner par des hommes dangereux, dont il semble seul ignorer les criminelles espérances.

Et néanmoins, monsieur le comte, je me suis obstiné à supposer à ces ministres des vœux ou du moins des regrets honorables.

Jusqu'à la discussion de ma pétition à la chambre, j'ai pensé que les ministres, également importunés et alarmés des difficultés et des dangers de leur position, imploraient par leurs vœux secrets, le secours des citoyens courageux. J'ai pensé qu'ils se féliciteraient entr'eux d'être forcés, par l'opinion publique qui m'a si généreusement soutenu, à quitter l'attitude périlleuse et humiliante qu'ils n'ont cessé d'avoir depuis le jour où ils étouffèrent si brusquement les poursuites qu'ils avaient commencées contre les auteurs des *Notes secrètes*.

A des poursuites énergiques contre ces traîtres avaient succédé tout à coup d'extrêmes ménagemens. Pour rien au monde, je ne voudrais laisser peser sur moi la responsabilité de ces inconcevables ménagemens; mais plus indulgent pour les ministres que je ne le serais pour moi-même, je ne voulais pas repousser la consolation de les croire pénétrés d'un regret amer pour une faute si fatale et d'un désir ardent de saisir l'occasion qui pourrait leur être offerte de la réparer; je les estimais assez pour espérer que l'exemple du dévouement ne serait pas perdu pour eux; je voyais bien depuis long-temps qu'ils étaient dépourvus de l'énergie nécessaire pour attaquer de leur propre mouvement la faction anti-nationale; mais je croyais qu'ils sauraient du moins s'associer à

l'attaque que mon devoir me portait à for-
mer. Confiant et crédule que j'étais! Je
croyais enfin acquérir des droits à la recon-
naissance des ministres et soulager leur cœur
d'un poids horrible en les obligeant à accorder à la nation une satisfaction si long-temps
attendue contre les auteurs des *Notes secrètes.*

Je me trompais, je dois aujourd'hui l'a-
vouer, je me trompais dans toutes ces espérances que j'avais fondées sur les sentimens
des ministres. Ils ne comprennent pas ma pétition, ils repoussent l'occasion, et j'ose le
dire, l'appui que j'offrais à leurs timides hé-
sitations; ils semblent regarder comme une
calamité, et non comme un bonheur, la nécessité de ne pas accorder une plus longue
impunité à un crime de haute-trahison signalé par eux.

Un parti moyen, tout-à fait conforme aux
habitudes des ministres qui redoutent par-
dessus tout les mesures décisives, un parti
moyen s'offrait à eux; ils pouvaient m'ho-
norer d'une lettre sans fiel, sans menace, qui
n'aurait renfermé aucune proposition dérisoire; ils pouvaient m'inviter à venir m'expli-
quer de vive voix avec M. Siméon ou avec

M. de Serres ; ils pouvaient m'adjurer, au nom des sentimens de respect que j'avais manifestés pour ces deux ministres, de venir mettre devant eux mes preuves et mon ame à découvert.

Si cette invitation m'eût été faite d'une manière franche et loyale, malgré ma maladie, je me serais fait porter en litière, s'il l'avait fallu, à Paris ou à Nice; j'aurais volé au devant des explications, et qui sait jusqu'à quel point elles m'auraient entraîné? J'aurais, sans doute et avant tout, exigé que le ministère ne me laissât pas porter seul le poids des hostilités contre la faction, et qu'il rompît, sans retour, avec elle, en la poursuivant pour la note secrète; mais je le répète, où ne m'aurait pas entraîné mon caractère trop disposé à l'abandon?? J'aurais désigné formellement, par ses nom, prénoms, titres et qualités, ce nouveau Machiavel que tout Paris a si bien reconnu sans que je l'aie nommé. Alors quel changement prodigieux dans ma position!! Peut-être les ministres triomphans à mon égard, de leur sensibilité et de leurs scrupules, comme ils en ont si héroïquement triomphé, quand il s'est agi des lois d'exception, m'auraient sur-le-champ placé en présence de ce *roi des Verdets*; je ne me serais point démenti: mais plus persuadé que jamais, par cette conduite des ministres, de la puissance du gouvernement souterrain, je n'aurais pas voulu offrir à sa rage d'autre victime que moi; je n'aurais point voulu entraîner dans ma ruine les hommes qui *m*'ont communiqué les circulaires; je me serais laissé condamner seul pour avoir *calomnié* cet homme qui enseignait si éloquemment comment il fallait achever ceux que Waterloo avait décimés.

Grâces soient mille fois rendues au ministère, de n'avoir pas adopté ce parti, et de ne pas s'être cru le pouvoir d'accorder, sans se compromettre, une audience au *magistrat factieux*.

Grâces lui soient mille fois rendues, de ne m'avoir pas laissé la moindre incertitude; de m'avoir si bien instruit de ses dispositions les plus intimes, èt par votre étonnante lettre du 19 avril, monsieur le comte, et par la violence des injures honorables que la censure a encouragées, et enfin par la séance du 25.

La censure ministérielle permet à des journaux de me diffamer, de m'accuser d'une calomnie atroce envers des étrangers dont la présence en France m'afflige, il est vrai, mais

dont je n'ai point attaqué la loyauté. La censure qui n'oppose aucun obstacle aux érup-
tions de ce volcan de boue, repousse mes ob-
servations justificatives.

En même temps les orateurs ministériels
dénaturant mes expressions les plus claires,
obscurcissant les faits les plus avérés, m'ac-
cusent d'avoir méconnu tous les devoirs de
magistrat et de citoyen, et m'attribuent les
intentions et les sentimens d'un factieux.

Ah ! quand je lis les réponses auxquelles
les orateurs ministériels et les ministres ont
été réduits au sujet de ma pétition, je suis
tenté de m'abandonner à la crainte de ne pas
trouver les ministres entièrement neutres
entre la faction et moi. Je ne cherche point à
m'en éclaircir : heureusement le secours ou
les attaques du ministère, ses préventions fa-
vorables ou défavorables, ne peuvent affaiblir
ou fortifier et la tranquillité de mon ame et
la cause que je défends. Cette cause est
grande, elle est invincible, non point par mes
talens qui sont bien faibles, mais par l'opinion
de tous les citoyens généreux et par l'ascen-
dant de la vérité.

Vous m'invitez, monsieur le comte, « à dé-

« poser aussitôt après votre lettre reçue, les
« preuves ou commencemens de preuve que
« je dois avoir de l'existence des machinations
« que je signale, de l'impunité accordée aux
« crimes qui SELON MOI n'ont pas été
« poursuivis, et SUR-TOUT les circu-
« laires 34 et 35 dont je n'aurais pas parlé
« avec tant d'assurance si je n'en étais dé-
« positaire. »

Ma lettre du 10 mai à M. le procureur-général de Nîmes, doit vous être parvenue
depuis plusieurs jours ; néanmoins je dois
vous répéter quelques-unes des explications
que je l'ai prié de vous transmettre.

« Je ne veux pas, je ne dois pas compro-
« mettre mes preuves dans une lutte insen-
« sée contre une faction qui sera plus puis-
« sante que la justice tant que les ministres la
« protégeront par le silence qu'ils conti-
« nuent à garder sur le crime de haute tra-
« hison qu'eux-mêmes avaient signalé : je ne
« dois pas faire partager les dangers qui me
« menacent aux citoyens qui m'ont révélé
« les circulaires, jusqu'à ce que les ministres
« aient prouvé par des poursuites franches
« et vigoureuses contre la conspiration de la

« *Note secrète*, que ses auteurs ne sont plus
« les véritables possesseurs du pouvoir.

« Quand les ministres rempliront enfin
« le devoir de déférer aux tribunaux les
« *honnêtes gens* aux notes secrètes, je me
« charge de mon côté de prouver que ces
« ennemis de la patrie ont voulu faire assas-
« siner le maréchal Soult, et ont organisé un
« gouvernement secret dont l'existence a été
« prouvée à tous les Français par une foule
« de circonstances, et particulièrement à
« moi, par la découverte des circulaires
« 34 et 35. »

Les ministres, monsieur le comte, com-
prendront-ils maintenant par quels moyens
ils peuvent délier ma langue? Je parlerai
quand ils auront enfin adopté une résolution
que réclament depuis si long-temps en vain
le soin de leur considération personnelle et
le salut de la France.

J'espère qu'en y réfléchissant, monsieur
le comte, vous ne trouverez point étrange
que je juge superflu et dérisoire d'employer
le peu de repos que me laisse une maladie
cruelle, à vous donner les preuves et les commencemens de preuves de l'impunité accordée

aux crimes qui SELON MOI, dites-vous, n'ont pas été poursuivis. La France, l'Europe entière s'écrieront avec M. de Saint-Aulaire : « C'est « pousser à l'absurde le système de déné- « gation, que de nier des crimes commis à « la clarté du soleil, en présence d'une po- « pulation immense ; des crimes dont les « pavés et les murs de cette ville rendent « encore de sanglans témoignages. »

Moi, monsieur le comte, je me bornerai à dire que ce n'est pas SELON MOI, mais SELON TOUTE LA FRANCE, que les cri- mes commis à Nîmes sont restés impunis et impoursuivis, qu'il en existe dans la mémoire et dans la conscience de tous les hommes honnêtes, non pas des commencemens de preuves, mais des preuves aussi évidentes que la lumière.

Voilà, monsieur le comte, absolument tout ce que j'ai à vous dire relativement à cette impunité dont ma pétition a révélé le scan- dale à votre ame étonnée.

Les ministres ont prétendu que des con- fidences faites sans éclat, avaient été accueil- lies avec bienveillance et avec la disposition la plus ferme de combattre le mal dont je me plains ; ils me forcent de leur prouver qu'ils ont manqué, je ne dis pas de bonne foi (quel ministre en a jamais manqué,) mais qu'ils ont perdu la mémoire. Je vais publier et imprimer les rapports que je leur ai adressés sur les assises du Gard et de Vaucluse, présidées par moi en 1819, sans qu'ils aient répondu à ces rapports (malgré l'éloge qu'ils en ont fait), ni adopté les mesures efficaces que dès long-temps je leur ai indiquées.

Des faits importans et douloureux vont être dévoilés à la France par l'impression de ces rapports ; l'opinion publique décidera s'ils contiennent aussi des preuves de l'existence du gouvernement secret et des ménagemens que les ministres ont eus pour lui.

Souffrez, monsieur le comte, que je termine ici une lettre que mes souffrances ne me permettent plus de continuer ; vous pouvez désirer peut-être d'autres éclaircissemens, mais je ne tarderai pas à les donner dans des lettres que j'aurai l'honneur d'écrire à leurs excellences messeigneurs Siméon et Pasquier, aussitôt que mes douleurs m'accorderont quelques instans de relâche.

Veuillez agréer l'hommage du plus profond respect avec lequel j'ai l'honneur d'être,

Monsieur le comte,

Votre très-humble et très-obéissant serviteur,

MADIER DE MONTJAU.

Au Meas, par Pierrelatte, 12 mai 1820.

Certifié entièrement conforme à l'original adressé à M. le comte Portalis.

Je désire que cette lettre soit imprimée et avec mon nom, afin que l'imprimeur ne soit pas seul poursuivi si les propagateurs du système interprétatif veulent poursuivre.

MADIER DE MONTJAU.

PÉTITION

DE MADIER DE MONTJAU, CHEVALIER DE
LA LÉGION D'HONNEUR, CONSEILLER DE LA
COUR DE NISMES, A MESSIEURS COMPOSANT
LA CHAMBRE DES DÉPUTÉS.

Au Meas par Pierrelatte, le 15 mai 1820.

*P. C. Incumbite ad reipublicæ salutem circums-
picite omnes procellas quæ imminent nisi providetis.*

*Quantùm facinus ad vos delatum sit videtis ; huic
si paucos putatis affines esse, multùm erratis. Latiùs
opinione disseminatum est hoc malum : obscurè ser-
pens multas jam provincias occupavit. Id opprimi sus-
tentando ac prolatando nullo pacto potest, quacumque
ratione placet celeriter vobis vindicandum est.*

*Hostes alienigenæ aut oppressi serviunt aut recepti
beneficio se obligatos putant : qui autem ex numero ci-
vium dementiá aliquá depravati hostes patriæ semel
esse cœperunt, eos cum a pernicie reipublicæ repuleris,
neque vi coercere neque beneficio placare possis.
Quare mihi cum perditis civibus æternum bellum sus-
ceptum esse video, et quia mihi vehementer hæc viden-
tur misera atque miseranda , idcirco in eos qui ea per-
ficere voluerunt, me severum vehementemque præbeo.*

Cic. in Catilinam.

Députés de la nation,

Lorsque l'orateur romain eut découvert et dénoncé la conspiration de Catilina, il en poursuivit les auteurs sans se laisser effrayer par leur nombre et par leur puissance ; il les poursuivit jusqu'à ce que leur châtiment eût rassuré le peuple Romain. Telle n'a point été la conduite de nos ministres dans aucune des circonstances où les Catilinas, les Lentulus, les Cethegus de notre patrie l'ont mise en danger.

Ils avaient saisi et publié les fameuses *notes secrètes*, et tout à coup ils laissèrent aux auteurs de ces notes, un repos que la France a perdu depuis ces infructueuses révélations ; tout à coup un silence non moins effrayant que ces révélations succéda à tout ce bruit qui avait rempli l'Europe. La nation fut abandonnée aux plus sinistres conjectures sans que le moindre éclaircissement vînt calmer ses angoisses. Des citoyens respectables exhalèrent leur douleur et leur indignation : aucune explication ne fut présentée par les ministres parce qu'ils sentaient bien qu'une seule serait acceptée : c'est celle que j'ai demandée, la punition de ces grands coupables.

Je viens aujourd'hui renouveler d'une manière plus formelle et déposer dans le sein de la chambre cette demande.

J'aurais cru manquer d'égards envers les ministres, si en faisant de la mise en accusation des auteurs de la note secrète, un chef exprès de demande de ma pétition du 23 mars, j'avais semblé vouloir leur enlever le mérite de remplir spontanément la condition; que j'avais, certes, le droit et le devoir de mettre à la manifestation de mes preuves. Mais le ministère est demeuré inébranlable dans son système; et sans paraître comprendre ma pétition, il m'a écrit le 19 avril une lettre reçue le 29 par l'intermédiaire de M. le procureur général, pour me demander « les « causes qui m'ont déterminé à ne pas com- « muniquer directement les faits que je puis « avoir découverts, au ministère public ou « au ministère de la justice. Il présume que « cette cause est *grave* et que je voudrai « bien la lui faire connaître. Il m'invite à « me présenter *sur-le-champ* devant le pro- « cureur général de Nîmes, pour déposer

« entre ses mains les preuves ou *commen-*
« *cemens* de preuves des crimes qui, *selon*
« *moi*, n'ont pas été poursuivis, et surtout les
« circulaires 34 et 35 desquelles je suis sans
« doute dépositaire ».

Quoique en proie aux plus violentes douleurs, je me suis hâté de répondre à M. le procureur général et à M. le comte Portalis, dans une lettre peut-être en ce moment devenue publique, que tout Paris, sauf les ministres, avait jugé que ma pétition exprimait clairement et franchement les causes *très graves*, en effet, qui m'avaient déterminé à solliciter le secours des chambres, et que mon étonnement était grand de voir que sur ces causes le ministère en était encore à de simples présomptions;

Que ce n'était pas *selon moi*, mais *selon* la France entière, que presque tous les sicaires de Nîmes étaient demeurés impoursuivis et impunis;

Enfin, quant aux circulaires, j'ai répondu qu'il faudrait que je fusse atteint de démence pour obéir à l'ordre que m'intimait le ministère d'aller attaquer sans autre appui que mes preuves et mon courage, la faction aux notes secrètes dont trois ministères ont successivement tremblé de poursuivre les crimes.

J'ai ajouté : « Je ne veux pas, je ne
« dois pas compromettre mes preuves dans
« une lutte insensée contre une faction qui
« sera plus puissante que la justice, tant que les
« ministres la protégeront par le silence qu'ils
« continuent à garder sur le crime de haute
« trahison qu'eux mêmes avaient signalé ; je
« ne dois pas faire partager les dangers qui
« me menacent aux citoyens qui m'ont ré-
« vélé les circulaires 34 et 35 , jusqu'à ce que
« les ministres aient prouvé par des pour-
« suites franches et vigoureuses contre la
« conspiration de la note secrète, que ses
« auteurs ne sont plus les véritables posses-
« seurs du pouvoir.

« Si je commettais la folie de nommer
« aujourd'hui devant un tribunal quelcon-
« que le principal auteur des circulaires,
« aujourd'hui qu'il possède encore toute
« son influence, sans que les ministres pren-
« nent le seul moyen de la lui enlever, je
« serais bientôt condamné pour avoir ca-
« lomnié l'*honnête homme* qui ne voulait pas
« qu'on arrêtât les maréchaux de France,
« mais qu'on les tuât.

« J'ai des preuves, mais ces preuves ne
« dépendent pas de moi seul, elles dépen-
« dent aussi de ceux qui me les ont four-
« nies, et qui veulent encore moins que moi,
« les produire, si les ministres ne produi-
« sent pas les leurs au sujet des notes se-
« crètes, et ne portent pas un coup décisif
« à la faction.

« Les ministres ne peuvent plus préten-
« dre qu'ils ignorent les moyens de délier
« ma langue; je parlerai quand ils auront
« enfin adopté une résolution que réclament
« depuis si long-temps en vain le soin de
« leur considération personnelle et le salut
« de la France. »

J'ai pensé qu'il était de mon devoir de
transmettre ces éclaircissemens à la chambre,
afin qu'elle pût apprécier la mesure unique
à laquelle semble s'être bornée la sagesse des
ministres; les réponses que j'ai faites, et l'état
actuel de cette affaire à laquelle la chambre
a daigné accorder son attention.

Une circonstance qui me paraît digne
d'être remarquée par la chambre, c'est que
malgré les lumières qui ont jailli de la discussion du 25, les ministres ont cru ne devoir
rien changer à leur résolution exprimée dans

feur lettre du 19. Vingt jours se sont écoulés depuis cette discussion sans que les ministres aient songé à troubler la sécurité des hommes aux notes secrètes, et sans qu'ils aient senti quelles réflexions fâcheuses pourrait faire naître l'ordre dérisoire qu'ils m'ont donné d'aller seul renverser le colosse qu'ils craignent d'attaquer. Je ne refuse pas le combat, et comme l'a dit avec vérité l'honorable M. Devaux, *je ne recule pas devant la nécessité des éclaircissemens*, mais je ne veux pas perdre tous les avantages d'une belle cause, par une démarche insensée.

La raison, l'équité, l'usage autorisent ma demande ; l'accusation portée par les ministres a été antérieure à la mienne ; qu'ils commencent par le prouver, ensuite j'aurai à prouver que les mêmes hommes malgré l'indulgence qui leur a été accordée, ont formé de nouveaux complots ; je veux rendre à la fois deux services à mon pays, faire punir les traîtres qui rappelaient l'étranger, et dévoiler les manœuvres du gouvernement souterrain, fils et héritier des sociétés secrètes de 1815.

Après avoir épouvanté la France en lui révélant une grande conspiration, les mi-

nistres ont-ils jamais eu le droit de créer
de leur propre autorité une véritable am-
nistie pour les conspirateurs?? Tous les
ministéres qui ont succédé à celui qui publia
les notes secrètes, se sont, il est vrai, asso-
ciés à cet incompréhensible système de ménagemens pour des hommes accusés de trahison envers le roi et la patrie; mais les
ministres actuels ont-ils le droit de persévérer
dans cette indulgence au milieu des graves
circonstances qui environnent la nation???

Ont-ils le droit d'y persévérer quand je
leur crie avec tous les véritables amis du
trône, que c'est le silence gardé sur la note
secrète qui fait l'audace du gouvernement
occulte, et que les poursuites auxquelles leur
honneur les engage, peuvent seules rendre
possibles les poursuites au sujet des circulaires que j'ai découvertes??

Ont-ils le droit en continuant de ménager
des coupables si puissans, dé m'enlever tous
les moyens de sortir victorieux de cette
guerre que j'ai entreprise contre les plus
dangereux ennemis du trône et de la liberté?? (*Cum perditis civibus.*)

Et j'ai bien le droit de les appeler du
nom de traîtres, ces hommes qui ont eu

la folie de se croire protégés, défendus par l'inaction des ministres : Ah ! cette inaction a été plus fatale encore aux coupables désignés qu'à la nation. Elle a interprété le silence des ministres comme Cicéron interprétait le silence des sénateurs quand ils ne l'accusèrent pas d'avoir calomnié Cethegus et Catilina ; elle s'est écriée : *Cum quiescunt probant, cum patiuntur decernunt, cum tacent clamant.*

Dans des circonstances trop semblables hélas à celles où se trouvait Rome menacée par ses propres enfans, pourrions-nous offrir trop souvent à nos ministres l'exemple des vertus et du génie de ce consul à qui elle dut son salut. Répétons-leur donc ces immortelles paroles :

Hæc conditio consulatus data est, ut omnes acerbitates, omnes dolores, omnes cruciatus perferrent non solum fortiter sed etiam libenter, dummodo laboribus suis populo dignitas salusque pariatur.

Vereamini, censeo, ne in hoc scelere tam immani ac nefario, nimis aliquid severe statuisse videamini, cum multo magis sit verendum, ne remissione pœnæ crudeles in patriam quàm ne severitate animadversionis

*nimis vehementer in acerbissimos hostes vi-
deamur.*

*Si in civibus perditis vehementissimi fue-
rimus, misericordes habebimur : sin remissio-
res esse voluerimus, summæ crudelitatis in
patriæ civiumque pernicie fama subeunda
est.*

Telles étaient les paroles de Cicéron pour
déterminer les sénateurs à une sévérité nécessaire, et cependant il ne s'agissait plus que
de prononcer sur la nature du supplice ;
mais quelles expressions auraient été assez
puissantes pour sa douleur s'il avait eu à
parler au sénat de la timide réserve de
consuls qui, après avoir fait retentir le fou-
droyant *quousque tandem,* auraient ensuite
laissé Catilina jouir impunément de son impunité.

Puissent les ministres ne pas trouver im-
portun le soin que je mets à rappeler à leur
mémoire, les nobles maximes de Cicéron. Ah !
quel serait mon bonheur si je parvenais à
exalter leur ame et à augmenter leur fermeté
en les mettant sans cesse en présence de ce
grand nom.

Ministres du roi, je vous adjure de ne point
me refuser votre secours dans une cause qui

nous est commune; je vous adjure de mettre
un terme à l'affreux tourment des incertitudes
que vous laissez peser sur la France; ne l'ex-
posez point à la dangereuse injustice d'accuser une classe entière de citoyens d'un crime
qui, peut-être, n'a été commis que par un
petit nombre d'insensés.

Je vous adjure aussi de réunir vos suppli-
cations aux miennes, vous, sur qui pèsent
encore ces terribles accusations. Eh ! ne sentez-
vous pas qu'il ne pourra plus y avoir pour
vous d'honneur et de repos véritable qu'a-
près avoir obtenu, ou de vos juges une abso-
lution glorieuse, ou de vos accusateurs, un
authentique désaveu. C'est vous qui devez
presser les ministres encore plus vivement
que moi, pour en obtenir votre mise en jugement, ou bien une déclaration solennelle
qu'ils n'ont aucune preuve, aucun vestige,
aucun soupçon des notes secrètes, et que vous
avez été victime de la précipitation de vision-
naires imprudens. Jusqu'alors la nation a le
droit de voir en vous ses ennemis, puisque
vous n'avez pas chaque jour protesté et contre
les accusations si éclatantes des ministres et
contre leur silence si obstiné; jusqu'alors la
nation a le droit de penser que vous craignez

la lumière, et que vous redoutez que le moindre éclaircissement ne soit suivi de votre supplice.

Votre supplice...... Qu'ai-je dit? ce n'est pas de sang que la nation est avide, c'est de garantie et de repos. La patrie est disposée à vous pardonner, si tous les jours de votre vie n'ont pas été consacrés à la déchirer et à lui chercher des ennemis. Prouvez-nous que, semblables à Biron, vous avez autrefois aimé la gloire et servi l'état avant de le trahir. Prouvez-nous que votre corps a été le bouclier de nos princes, et tous les criminels égaremens de votre ambition paraîtront à la nation, effacés par cet immense service; elle implorera, pour vous, la clémence du monarque, trop heureuse si cette nouvelle preuve de sa générosité peut changer votre cœur et vous rendre des sentimens français.

Mais, si la nation peut vous pardonner, elle ne peut souffrir plus long-temps le silence dans lequel les ministres veulent laisser mourir leur dénonciation; si vous avez commis de si grands crimes, il importe que vous en soyez convaincus à la face du monde, et que vous soyez désormais, dans l'impuissance d'agiter la patrie par de sourdes pratiques et d'insolentes calomnies.

Je viens d'avancer et, j'ose le dire, j'ai prouvé que les poursuites que je demande contre ceux qui rappelaient, en France, l'étranger, étaient l'unique moyen de ne pas rendre dérisoires les poursuites et recherches au sujet des circulaires 34 et 35. Je crois aussi avoir prouvé que le repos de la France, l'intérêt bien entendu du gouvernement, et l'intérêt même des personnes atteintes par une accusation si grave, réclamaient ces poursuites.

Je supplie la chambre de vouloir bien exprimer le vœu, qu'elles soient recommencées sans le moindre délai.

M. le ministre des affaires étrangères, s'est exprimé en ces termes, sur ma pétition : « M. Madier a eu d'autant plus évidemment « tort, que la publicité donnée à la dénoncia- « tion, pourrait avoir eu pour résultat, de « faire périr les preuves même qu'il impor- « terait tant d'acquérir. S'il y a des conspira- « teurs, n'ont-ils pas été plus que suffisam- « ment avertis ? n'est-il pas à craindre que « les faits ne soient aujourd'hui entourés de

« nuages habilement amoncelés et qui peu-
« vent les rendre impossibles à constater. »

Que son excellence ne s'abandonne pas
trop vivement à ses patriotiques alarmes,
mais plutôt qu'elle considére qu'il importe
de ne pas perdre un jour de plus dans l'inaction. Que son excellence se rassure ; quoique
la grave maladie qui depuis six semaines me
retient ici, m'ait séparé des personnes qui
m'ont fait connaître les circulaires, je crois
pouvoir affirmer que NOS preuves sont toujours entières.

L'intérêt de la vérité que je défends, l'honneur, l'humanité m'ont fait jurer de n'appeler
ces personnes en cause *qu'après qu'une attaque
vigoureuse* contre les hommes de la note
secrète, aurait enfin démontré que le ministère est animé d'une volonté sincère et ferme
d'abattre cette faction.

Que si le ministère en continuant à ne pas
me comprendre, en continuant à garder un
silence superbe sur les motifs de sa longue
inaction, diminuait réellement la masse de
mes preuves *légales* (je dis légales car, pour
les preuves morales, quel est l'homme im-
partial qui ne les trouve pas aussi décisives
que multipliées?); si la persévérance du mi-

nistère dans son ancien système, inspirait des terreurs trop fondées aux personnes qui m'ont révélé les circulaires; si je les retrouvais ébranlées et tremblant de paraître à mes côtés pour attester les complots dont elles auraient voulu nous préserver, je ne me repentirais point de ma démarche, je ne me repentirais point du cri d'alarme que j'ai fait entendre, je ne me reprocherais point d'avoir manqué de prudence, je ne me reprocherais point d'avoir pensé que dans cette circonstance solennelle, le ministère prendrait un parti prompt et décisif; en un mot, je ne me reprocherais rien, parce qu'un homme de sens et d'honneur n'est point obligé de deviner que de certaines fautes ront commises par des ministres, au moment même où l'opinion publique leur fait entendre, le plus énergiquement, sa voix.

Si j'étais réduit par la faute des ministres à l'unique ressource des preuves morales, j'en reproduirais le faisceau sous les yeux de tous les hommes dont l'esprit de faction n'a point perverti le jugement ou la bonne foi, et je dirais : J'habite un pays où l'action d'un gouvernement occulte n'a cessé de paraître sensible à tous les yeux ; j'y suis environné de ces proconsuls qui, sous le titre de commissaires extraordinaires du roi, conservèrent long-temps leurs effrayans pouvoirs, au mépris d'une ordonnance royale qui les leur avait positivement retirés ; je suis environné des membres de ce prétendu conseil de guerre qui fit fusiller un officier piémontais, au mépris de l'ordonnance royale, depuis long-temps publiée, et qui accordait une absolu-tion complète pour tous les délits politiques commis après le 23 mars. J'habite la ville où un préfet provisoire refusa de céder la place à un préfet nommé par le roi ; lequel préfet du roi, repoussé par le préfet provi-soire, était obligé d'aller chercher à Tou-louse, je ne dirai pas la sanction des ordres du souverain, mais un appui et des conseils sur la manière de les faire exécuter.

Est-il probable que ces hommes aient au-jourd'hui l'espérance de ressaisir le pouvoir ? j'ai affirmé qu'ils manifestent cette espérance et qu'ils agissent avec une grande activité pour la réaliser.

L'existence d'un gouvernement secret, d'un comité central, de quelque nom qu'on veuille l'appeler, paraît-elle probable, sen-sible, démontrée à un grand nombre de citoyens recommandables ? j'ai affirmé que j'ai surpris deux circulaires envoyées par plusieurs des hommes qui ont fait la note secrète.

J'ai offert de les accuser pour leurs complots de 1820, quand ils auront été poursuivis pour leur conspiration de 1818 : les ministres n'ont pas voulu me comprendre, mais je m'adresse à la conscience de tous les citoyens amis de leur pays.

Pourquoi tant de réserve et de mesures ont-elles succédé, tout à coup, à d'horribles transports de fureur, dès qu'un homme a été *arraché* de son poste ?

Pourquoi les hommes qui prétendaient que pleurer sur un horrible attentat, exprimer la douleur et l'indignation qu'il a excité, était un privilége réservé à leur fidélité ? Pourquoi ces hommes qui attribuaient ce forfait à des doctrines pernicieuses, ont-ils laissé écouler un jour, une heure, un instant, sans faire entendre, dans leurs adresses, les cris de leur désespoir et leurs vœux pour l'anéantissement des doctrines qu'ils appellent parricides ? Pourquoi s'être laissé devancer sur presque tous les points de la France par les adresses, qu'ils appellent libérales, pernicieuses, révolutionnaires, parce qu'elles se sont renfermées dans le langage de la douleur?

Pourquoi???.......... ah! c'est que ce parti très-indiscipliné, quand ses chefs occupent *légalement* le pouvoir, redevient, pendant la mauvaise fortune, d'une docilité complète et qui fait sa plus grande force.

Pourquoi???............ c'est que ce soldat de l'armée de Condé, qui excitait les conscrits à des cris séditieux; c'est que le sieur Bois de Milhau, qui ne criait vive l'empereur qu'après des conférences avec Trestaillons; c'est que tous les agens de la faction n'agiront, jusqu'après la victoire, que d'après les impulsions de leurs chefs.

Messieurs les Députés, après avoir vu mes prières, mes offres repoussées par le ministère, j'aurais pu me borner aux explications que je viens de donner, appuyé sur le témoignage de ma conscience, et sur la conviction de tous les citoyens dont l'opinion mérite d'être comptée; mais la généreuse confiance que vous avez daigné accorder à mes assertions, m'a imposé de nouveaux devoirs.

Puisque les ministres montrent tant de répugnance à entrer dans la lice qu'eux-mêmes avaient ouverte et où je jurais de paraître

après eux , je vais soulever d'autres voiles ,
je vais montrer l'influence de la faction , par-
tout visible dans la plupart des cours d'assises
du midi ; les ministres ne pourront refuser de
me suivre sur ce nouveau terrain où je vais
les appeler après moi.

Les ministres ont dit que mes confidences,
faites sans éclats, auraient été par eux accueillies avec bienveillance et avec la disposition
la plus ferme de combattre le mal dont je me
plains ; ont-ils voulu par-là me faire considérer comme un homme égaré ou par une
imagination ardente, ou par l'ambitieux désir d'une vaine célébrité ? Je ne cherche point
à m'en éclaircir ; mais je prouverai très-inces-
samment que personne , parmi les amis les
plus dévoués du ministère, parmi leurs pa-
rens les plus proches, n'a pu pousser plus loin
que moi la confiance en leurs sentimens per-
sonnels.

Je vais publier et imprimer divers rapports
(tous restés sans réponse), relatifs aux assises que j'ai présidées dans le Gard et dans le
Vaucluse en 1819 ; ces rapports donneront à
la chambre des idées exactes sur l'influence
exercée par la faction sur la plupart des jurys
des départemens méridionaux ; ils appren-

dront à la chambre quel accueil reçoivent des ministres les *confidences sans éclats* ; ils fourniront aussi, je l'espère, de nouvelles preuves de l'existence du gouvernement souterrain : la France et la chambre jugeront le silence complet, absolu que les ministres ont gardé sur ces rapports, desquels pourtant ils ont fait des éloges aussi pompeux que stériles.

Ma réponse à M. le comte Portalis, ma pétition d'aujourd'hui faites au milieu des souffrances les plus cruelles d'une maladie grave, prouveront, je l'espère, à la chambre que de lâches ménagemens pour ma santé ne lui feront pas long-temps attendre les renseignemens qu'elle pourra puiser dans la publication de ces rapports.

En attendant je la supplie de vouloir bien renvoyer ma pétition au conseil des ministres avec recommandation d'examiner,

S'il n'est pas extrêmement urgent, dans l'intérêt de la France et du Gouvernement de recommencer sans le moindre délai, des poursuites contre les auteurs des Notes secrètes.

Que si au moment ou ma pétition paraîtra sous vos yeux, Messieurs les Députés, le droit de pétition était déjà restreint à l'obligation de ne jamais entretenir la chambre que d'intérêts *purement individuels*, je la prierais en ce cas de vouloir bien motiver le renvoi de ma pétition au conseil des ministres, sur ce que l'*Intérêt personnel* que j'ai à prouver ma dénonciation exige que les mêmes hommes que j'accuse soient d'abord poursuivis par les ministres pour un crime de haute trahison signalée par eux et que l'impunité a peut-être seule entraînés dans de nouveaux complots.

Daignez agréer, Messieurs les Députés, l'hommage du profond respect avec lequel j'ai l'honneur d'être,

Votre très-humble et très-obéissant serviteur.

MADIER DE MONTJAU.

Copie certifiée conforme à l'original de ma pétition envoyée à la chambre. J'autorise et j'invite M. Corréard à imprimer cette pétition en entier.

MADIER DE MONTJAU.

MADIER DE MONTJAU, CHEVALIER DE LA LÉGION D'HONNEUR, CONSEILLER DE LA COUR DE NISMES,

A M. BOURDEAU, PROCUREUR GÉNÉRAL, MEMBRE DE LA CHAMBRE DES DÉPUTÉS,

MONSIEUR LE PROCUREUR GÉNÉRAL,

Vous dont le noble talent, le courage et l'indépendance nous retracent d'une manière si consolante les Montclar et les Lachalotais ; vous vous êtes trompé, pour la première fois, et sans doute involontairement, en voulant chercher à ma pétition un but différent de celui que tant de citoyens honorables y ont trouvé ; mais je vous rends grâces d'avoir fait retentir à la tribune cette grande vérité « la chambre *et la France* « *veulent être éclairées ; s'il existe des com-* « *plots, des machinations, il faut les dévoiler et* « *les punir, dans l'intérét et pour l'honneur* « *méme du magistrat qui les signale, car il sait* « *bien comment on qualifie et comme on traite* « *les dénonciateurs qui ne prouvent pas leurs* « *dénonciations* ».

Oh ! ces précieuses paroles m'ont rendu bien des espérances ; je les ai accueillies comme le plus heureux présage, et malgré les temporisations éternelles des ministres, je commence à croire qu'enfin ils se décideront à prouver leurs dénonciations antérieures aux miennes, et bien autrement effrayantes. En effet lorsqu'un si fidèle ami des ministres, lorsqu'un homme tel que vous, monsieur Bourdeau, en qui la plus rare circonspection s'allie à la plus rare fermeté, vient parler à une auguste assemblée du châtiment réservé à ceux qui dénoncent sans preuves, comment ne pas croire que les ministres ont eux-mêmes provoqué, sollicité ces justes avis de la part d'un ami tendre mais sévère, afin de se mettre dans l'impossibilité de laisser prolonger la scandaleuse et effrayante impunité des auteurs de la note secrète.

Ce n'est pas à moi, c'est à vous, monsieur Bourdeau, que la France aura l'obligation de cette tardive mais toujours utile détermination de vos amis. La production de leurs preuves contre des traîtres, rendra facile la manifestation des preuves que, de mon côté, je possède contre eux.

Alors aussi, il vous sera facile de répondre au passage de ma pétition concernant non pas les arrêts, dont je n'ai pas dit un seul mot, mais les dernières adresses au roi de plusieurs cours du midi ; alors vous pourrez rendre publiques les raisons puissantes et péremptoires , LES RAISONS D'ÉTAT qui ont condamné tous les organes du ministère public à se taire pendant cinq ans sur le concordat. Par vous nous apprendrons enfin pourquoi' les arrêts de tous nos parlemens contre les pères de la foi , ont cessé d'être exécutés.

Les idées libérales qui corrompent la France au sujet des jésuites et des concordats, remontent à plusieurs siècles, vous le savez, monsieur le procureur général , et celles-là du moins ne sont pas entièrement la faute de Rousseau et de Voltaire ; elles nous ont été léguées par les Ollivier, les Verjus, les Loynes, les d'Origny, les Lelièvre et tant d'autres si injustement honorés des respects de la postérité, puisqu'ils étaient infectés dès le commencement du XVIᵉ siècle, de l'horreur des concordats ; plus-tard elles ont été fortifiées par les écrits non moins funestes des Servan , des Lachalotais, que de grands talens ne purent sauver de l'écueil dont votre génie, monsieur le procureur général, vous a si heureusement préservé.

D'après votre assertion , je commence à

chanceler dans mon opinion sur la réalité d'un gouvernement souterrain ; et s'il existe, ce n'est plus à sa redoutable influence que je continuerai d'imputer le silence gardé d'un bout de royaume à l'autre, par le ministère public et sur le concordat et sur les jésuites. Ah ! il en eût trop coûté à votre grande ame, monsieur le procureur général, de suivre sur des points si essentiels des instructions contraires à votre conviction ; car vous savez trop *comment on qualifie et comme on traite* le magistrat ou le député que d'indignes calculs d'intérêt font agir contre sa conscience.

Mais si vous avez échappé à ce supplice, vous aurez du moins été constamment déchiré d'une patriotique douleur en voyant combien sont universellement enracinés ces préjugés funestes contre les pères de la foi et contre tous les propagateurs de l'ultramontanisme.

J'avoue humblement que je partage encore ces préjugés ; mais, pour m'en dégager, je n'attends que l'exposé des raisons qui vous en ont préservé. Vous pouvez détruire tous ces sophismes, seulement en vous présentant pour les combattre. Songez donc à l'effet qu'a produit une pétition qui fourmille d'erreurs, et qui est l'ouvrage d'un *magistrat si obscur qu'il n'a pas même l'honneur d'être connu d'un ministre* désigné (discours de M. de Corbière a la chambre le 25 avril). Un ton de conviction, une apparence d'amour pour la justice, un éloignement un peu prononcé pour les assassins et les factieux, ont suffi pour obtenir quelques jours d'influence et de faveur dans l'opinion publique à un chétif conseiller. Ah! monsieur, quel empire despotique vous seriez certain d'exercer sur cette opinion, vous qui avez le triple avantage d'être l'ami intime de tous les ministres actuels, d'être l'ami intime de MM. Lainé et Corbière, ministres futurs, et d'être procureur général !

Et ne croyez pas que le public soit disposé à s'attacher plus fortement à l'erreur qu'à la vérité. N'a-t-il pas coutume d'attendre que l'autorité lui transmette ses idées toutes faites ? Parce qu'une longue expérience l'a convaincu que l'autorité se trompe bien rarement, ne s'est-il pas affectionné tout d'abord à cette détestable loi du 5 février sur les élections, par l'unique motif qu'elle était l'œuvre de M. Lainé, alors ministre ? Et aujourd'hui que d'autres ministres viennent lui dire que ce grand homme s'était trompé , voilà la nation qui , toujours confiante et docile, appelle de tous ses vœux l'établissement des deux degrés et l'établissement de deux chambres de pairs. Tout se tait , ou approuve ou admire, et ce concert universel de bénédictions n'est troublé que par les voix inentendues de quatre-vingt-dix mille négocians électeurs ou propriétaires jacobins.

Voyez encore avec quel ravissement a été reçue la bienfaisante loi du 26 mars dernier sur la liberté individuelle : chacun a senti que ce frein léger réglerait, sans la gêner, l'impétuosité de notre allure et en augmenterait la grâce. Rappelez-vous aussi les transports qui ont accueilli la loi qui nous a rendu la protection de la censure.

Ma pétition avait excité un moment d'intérêt, mais tout s'est évanoui devant le premier anathême de l'autorité ; en entendant M. le ministre de l'intérieur, tout le monde a été convaincu que l'âge d'or était depuis long-temps de retour dans le bienheureux département du Gard ; qu'aucune foi ne devait être ajoutée à mes visions ; et si S. E. eût voulu m'accabler, elle aurait aisément

persuadé que les protestans du Gard désa-
vouaient avec horreur ce que j'ai eu la té-
mérité de dire de leurs prétendues infor-
tunes et de leurs prétendus dangers.

Voulez-vous un dernier et bien plus décisif
exemple du pouvoir absolu des ministres sur
l'opinion ? Un grand nombre de députés, tels
que les Cassaignolles, Kératry, Royer-Collard et votre collégue Courvoisier, jouis-
saient l'an passé d'une considération générale, uniquement parce qu'ils défendaient
les ministres. Oubliant l'infaillibilité du pouvoir, oubliant ces touchans exemples de fidélité qu'ils recevaient chaque jour de vous,
ils se sont détachés du ministère, et au même
instant la nation s'est détachée d'eux. Les
voilà maintenant confondus sans retour avec
ces députés, sans gloire, sans habileté et
sans conscience politiques, les d'Argenson,
les Casimir-Perrier, les Lafayette, les Lafitte,
les Foy et avec tant d'autres députés aussi
pauvres de talens que de fortune, les-
quels n'ayant rien à perdre, ni richesses,
ni rang, ni considération, désirent ardem-
ment les bouleversemens de l'anarchie, parce
qu'ils ont tout à y gagner.

Aussi avec quelle joie et quelle édification

la France n'a-t-elle pas vu récemment les journaux PURS tracer une ligne de démarcation nécessaire ; séparer l'ivraie du bon grain, et achever de prouver que la chambre haute compte 86 pairs et la chambre des communes 115 députés qui ne sont pas royalistes.

Je vous répète, monsieur le procureur général, ils sont flétris sans retour. Vainement ont-ils voulu justifier leur défection par ces prétextes usés, que les devoirs l'emportent sur les affections, que l'intérêt doit céder à la conscience, que la volonté du roi, l'esprit de la charte, les vœux de leurs commettans. . . . . ; enfin tout le protocole de cette logomachie révolutionnaire, ne les a pas sauvés de la réprobation universelle des HONNÊTES GENS. Vainement aussi, ils se sont flattés d'éblouir par des discours pompeux, brillans en apparence de logique et de patriotisme ; le public a bientôt aperçu le piége et repoussé leurs doctrines empoisonnées ; il a applaudi au silence dédaigneux qui a fait justice de leurs sophismes, et tandis que dans leur jactance ils s'écriaient : Nous en appelons à la France attentive, elle jugera que si nous n'avons pu sauver la liberté, nous l'avons courageusement défendue ; elle pesera nos raisonnemens, et le silence auquel nous avons si souvent réduit les ministres ; elle dira de nous comme de Phocion, que rien n'a pu résister à la hache de nos discours. Ils disaient............; et la France, indignée de ce fol orgueil, s'est unanimement écriée . Sophistes dangereux, vantez à présent le pouvoir de votre éloquence, il a suffi pour en triompher, de la hache du scrutin. Célébrez l'indépendance séditieuse des Camille Jordan, des Royer-Collard, des Girardin, des Courvoisier, les *honnêtes gens* célébreront avec le ministère la courageuse fidélité de M. Bourdeau.

Après tant d'exemples de l'influence non moins complète que salutaire, exercée par le ministère et ses amis, vous ne pouvez monsieur le procureur-général, vous ne pouvez sans barbarie, refuser à la nation le secours de vos lumières pour la guérir de ses injustes préventions contre l'ambition du Vatican et des enfans de Loyola. Serait-il donc bien difficile de prouver, contre Pascal et tous les anciens parlemens, que la morale des pères de la ruse a pour but réel le raffermissement des trônes et de la morale??? Serait-il impossible de démontrer que l'insensé Louis XII et le vénal d'Amboise ne comprenaient et ne défendaient pas si bien les intérêts de la France et de la religion que le prudent François et l'incorruptible Duprat.

Quant à moi, monsieur le procureur-général, je ne crois pas que cette entreprise soit au-dessus de votre génie, et c'est avec la douce espérance que vous allez y consacrer vos veilles, que je vous prie d'agréer le sincère et respectueux hommage du dévouement et de la gratitude de votre très-humble serviteur et admirateur.

MADIER DE MONTJAU.

J'autorise et invite M. Corréard libraire, a faire imprimer sans délai la lettre ci-dessus.

MADIER DE MONTJAU

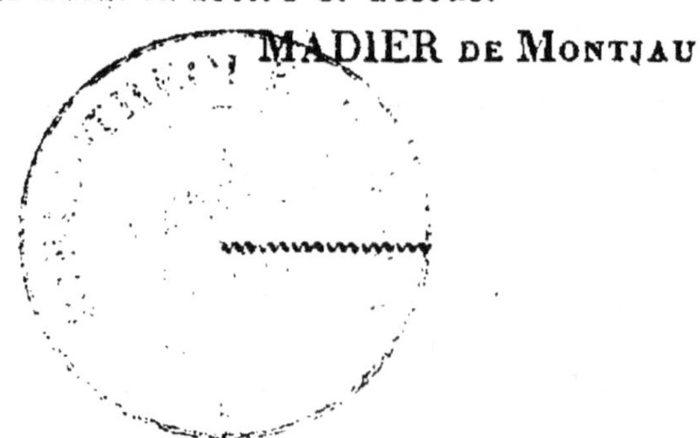

IMPRIMERIE DE MAD. JEUNEHOMME - CRÉMIÈRE
RUE HAUTEFEUILLE, N° 20.